ODES
HISTORIQUES

L'épi, le brin d'herbe, l'insecte
Me disaient : adore et respecte !
La Sagesse a passé par là ;
Et les catastrophes fatales
Dont l'histoire enfle ses annales
Me criaient plus haut : la voilà !

LAMARTINE.

PARIS

ÉMILE DEFLORENNE, ÉDITEUR

7, Quai Malaquais, 7

1873

ÉTUDES

HISTORIQUES

VERSAILLES, IMPRIMERIE DE E. AUBERT.
6, Avenue de Sceaux.

EUGÈNE BAZIN

ETUDES HISTORIQUES

PARIS
BACHELIN-DEFLORENNE, ÉDITEUR
3, Quai Malaquais, 3
—
1873

Un de nos honorables concitoyens et collaborateurs dont les lecteurs de l'*Union libérale* ont pu souvent apprécier la patriotique initiative et le remarquable talent d'écrivain, M. Eugène Bazin, commence ici la publication d'une série d'articles auxquels nous sommes heureux d'ouvrir nos colonnes. On aimera à lire ces pages exprimant dans un beau et ferme langage des idées d'un ordre général et très élevé et où l'on trouve des considérations d'un intérêt tout particulier pour nous et souvent frappantes d'actualité.

Cette étude se divisera en cinq chapitres succincts ayant pour titre : *De l'idée de Providence ; de la Providence dans l'histoire ; 1789-1848 ; les Jacques ; la Perfectibilité.*

ÉTUDES
HISTORIQUES

I

DE L'IDÉE DE PROVIDENCE [1]

Depuis quelque temps, nous végétons au jour le jour, dans la condition la plus abaissée et la plus stérile pour un être qui pense, et surtout pour une nation. Que notre époque ne soit qu'une phase de transformation et de renouvellement social, je veux le croire; mais elle n'en est pas moins critique. Le bien et le mal, le vrai et le faux tendent à se confondre dans les âmes; le ciel est si sombre, qu'on n'aperçoit plus d'horizon. — Que faisons-nous, où allons-nous? ou

[1] Je m'étais déjà occupé de ce sujet dans un livre publié en 1849; mais les pages qui vont suivre ont reçu un commentaire nouveau et plus précis et peut-être un nouvel intérêt de tous les événements accomplis en ces dernières années.

plutôt y a-t-il encore un chemin et un but devant nos pas? — Oui, même à cette heure d'aveuglement et de prostration, ce but existe toujours et réclame tous nos efforts; il se dérobe à notre vue; mais nous en approchons sans cesse.

Une des lois les plus manifestes et les plus certaines dans le monde, c'est la nécessité de l'épreuve, de la lutte acharnée, du sacrifice ou, si l'on veut, de l'expiation. Notre passage sur cette terre est bien véritablement la voie douloureuse qui mène vers une autre terre et de nouveaux cieux. C'est en ce sens qu'on a pu dire et que moi-même j'ai répété que le bien n'est souvent que l'épuisement du mal. Ne nous étonnons donc plus de tant de combats qu'il faut livrer pour fonder, dans nos sociétés, quelque chose d'un peu meilleur et de plus durable. Pour moi, du moins, un fait de conscience et d'observation, c'est que la Providence de Dieu ne délaisse jamais son œuvre.

Cependant, que d'obscurités et que d'erreurs! Pas une pierre ne tombe sur notre tête, pas un ébranlement social ne se fait sentir, qu'aussitôt, et comme si, à chaque commotion, l'ordre universel avait failli, on ne remette en question l'origine même et la raison des choses. L'homme est si prompt au désespoir ou à l'orgueil! parce qu'il a soulevé un peu de poussière sur sa route, l'insensé ne s'y reconnaît plus : l'un crie que tout est perdu ; l'autre, qui triomphe pour un moment, semble vouloir escalader le ciel ; les moins passionnés, et que d'aucuns appellent les plus raisonnables, prononcent que le monde s'en va au hasard ; et de tous côtés monte cette voix de l'abîme : « C'en est fait, il n'y a point de Dieu ! »

Dieu, dont l'idée est notre premier besoin, et le nom une de nos premières paroles ; le Dieu de la famille et de l'humanité, le créateur des mondes, qui a fait l'homme à son image et lui a communiqué un rayon de sa divine intelligence ; ce Dieu, toute puissance, toute bonté, tout amour, n'était qu'une invention de la vanité humaine, une illusion de notre misère ; et ce monde lui-même, produit informe de je ne sais quel caprice désordonné et malfaisant, ne fait que rouler dans le vide, sans règle, sans lois, sans avenir, et condamné à la stupide inertie de la matière, ou aux convulsions périodiques d'une inexplicable fatalité !

Et c'est l'homme, devenu à soi-même son créateur, sa science et son Dieu ; l'homme, resté seul debout sur cet univers, comme lui néant, qui se charge de nous révéler ces magnifiques destinées !

Il ferait mieux de chercher à se mettre d'accord avec lui-même ; sa science, si elle ne peut l'éclairer, devrait au moins le confondre.

Au premier spectacle de la création, l'homme s'était écrié : « Mon Dieu, que tout cela est beau ! » Eh bien ! sa propre science n'est-elle pas venue lui confirmer ce Dieu de son enthousiasme ? Au fond de la prétendue confusion des choses, elle lui a démontré la loi universelle par laquelle se conserve et s'explique l'ordre matériel des mondes; et cette loi, il se vante de l'avoir découverte ; mais, j'imagine, il ne se vantera pas de l'avoir lui-même décrétée.

Au milieu de ces millions de créatures avec lesquelles il sent qu'il a de commun au moins les conditions, partout divines, de l'existence physique, l'homme a soulevé par degrés le voile où la nature semble ne s'être enveloppée que pour se faire plus ardemment poursuivre ; et, lui seul né pour se contempler et se connaître, il est resté éperdu devant les merveilles de son propre corps, temple digne de l'esprit qui l'habite, reflet admirable de la conception qui précéda les temps et les choses. Il a étudié cette distribution si délicate et si savante, dans la prodigieuse multiplicité de ses parties; si ingénieusement combinée, si étroitement solidaire dans son ensemble, clavier sonore où la vibration de la plus petite corde retentit à l'instant sur toutes les autres; et il a témoigné dans un respectueux ravissement des miracles de cet organisme.

Et là encore, ce n'est pas sa main qu'il a saisie à l'œuvre et réglant toutes ces harmonies de l'être vivant.

Pénétrant enfin plus avant, et jusque dans les mystères de l'être spirituel, ce mouvement, ces harmonies, ces lois de la matière par elle-même inerte et sans lois, il les a retrouvés au dedans de lui, plus agissants, sinon mieux obéis, et, en tout cas, encore plus admirables; à la lumière de sa conscience, il a senti dans la vie de son âme un souffle céleste, dans son intelligence et son cœur, un ordre suprême, qui les maîtrise, contre lequel il murmure quelquefois, mais qu'il ne se glorifiera pas non plus d'avoir créé.

Et pourtant, c'est lui, l'homme de la civilisation et des dons excellents, c'est lui qui s'est obstiné à dire : « Le monde physique, le monde moral n'ont point de loi, ils n'ont point de Dieu! »

On demandait un jour à un pauvre Arabe du désert comment il s'était assuré qu'il y avait un Dieu. — De la même manière, répondit-il, que je reconnais, par les traces marquées sur le sable, s'il y a passé un homme ou une bête.

Qu'importe la science qui, comme on l'a si bien dit, sans l'idée de Dieu, devient un poison? C'est à la raison naturelle que je m'adresse : oui, pour tout individu doué de raison, le sentiment, et son intérêt même, — je ne veux pas avilir l'homme, je ne cherche qu'à l'expliquer, — me répondent de sa confiance en Dieu, de sa certitude d'un ordre universel et éternel.

Mais l'individu qui, en ce qui le concerne personnellement, ne peut hésiter, pourra-t-il, à d'autres égards, reconnaître cet ordre et cette harmonie auxquels il est invité à concourir?

Si nous nous transportons de l'existence bornée d'un homme, qu'un coup d'œil peut embrasser et juger, sur cette scène immense qu'on appelle l'histoire, et où se déroule, dans la succession des peuples, la perpétuelle vie de l'humanité, les événements ne perdront-ils pas une partie de leur signification et de leurs enseignements; notre regard restera-t-il apte à en saisir, à en assigner les lois? Ici, les faits sont plus considérables et plus importants; mais les causes sont plus éloignées et les résultats plus compliqués. Où sera le point de départ, l'élément de fixité, le but qu'on puisse clairement démontrer et toucher? Il n'est pas jusqu'à l'intérêt personnel qui, moins immédiat en apparence, ne semble nous autoriser à rester plus indifférents.

Et l'homme, tout à l'heure si curieux, si persévérant à s'enquérir, si fier d'avoir trouvé, va peut-être passer insouciant et incrédule, et en disant : Qu'est-ce que cela me fait, à moi?.....

Mais tout à coup l'abîme s'ouvre sous ses pas ; ces événements dont la pensée ne l'importunait que comme un lointain souvenir, voilà qu'ils éclatent, l'enveloppent, le pressent ; et alors, pour lui, devant lui, se dresse la formidable question : Que sera-ce de moi? que sera-ce d'un peuple qui n'a pas foi dans la Providence ?

Ah! c'est lorsque les institutions sacrées semblent périr, lorsque le présent, le passé et l'avenir, comme las de s'attendre, semblent s'être donné rendez-vous dans un choc terrible ; lorsqu'au milieu des catastrophes et des ruines, l'angoisse du doute nous envahit, et qu'on se demande ce que signifient ces jeux cruels qui nous font tant de mal, et s'il y a réellement quelque chose de sérieux au fond de tous ces bouleversements et dans le sort général de l'humanité, c'est alors qu'il convient de faire briller aux yeux de tous cette grande pensée de Bossuet : « Il y a un Dieu dont l'œuvre s'accomplit sur chaque nation, comme sur chaque individu, sur le grain de poussière, comme sur l'universalité des mondes ; et, *en cet instant même, à travers les souffrances du présent, les menaces de l'avenir, et l'isolement des causes particulières, l'humanité n'a pas cessé de s'avancer sous sa main et par une suite réglée.* »

Quant à nous, cette idée de Dieu, de Providence, de progrès ne nous abandonne pas. Elle nous apparaît, pour l'homme comme le sentiment même de sa dignité ; pour l'humanité, comme la récompense ici-bas de ses travaux et de son sang, mais surtout comme le gage d'un immortel avenir. Ainsi, aux lieux où furent les hommes et les empires, et comme sur la limite des deux mondes, entre la vie présente et la vie de la foi, un monument s'élève, pour perpétuer l'émulation de la postérité, en lui disant la solennelle leçon de ce qui a disparu, mais n'a pas cessé d'être.

II

LA PROVIDENCE DANS L'HISTOIRE

Châteaubriand, dans son langage pompeux, nous montre, « sur des sociétés qui meurent sans cesse, une société vivant sans cesse ; à côté d'un homme qui tombe, l'homme restant debout, enrichi de tout ce que ses devanciers lui ont transmis, couronné de toutes les lumières, orné de tous les présents des âges, géant qui croît toujours, toujours, et dont le front, montant dans les cieux, ne s'arrêtera qu'à la hauteur du trône de l'Eternel. »

Mais, quand il s'agit de vérités d'observation, il ne suffit pas de faire appel à la poésie et au sentiment; c'est par les faits, avant tout, qu'il faut prouver que Dieu est réellement dans l'histoire ; qu'il y est comme providence, avec un plan déterminé de sagesse, de justice, de bonté, d'ordre, de progrès. L'histoire, qui se donne comme la représentation en grand de la nature humaine, doit être aussi la manifestation bien plus éclatante des desseins de Dieu sur l'humanité.

Une chose digne de remarque, c'est que, malgré toute leur imagination et quel que fût leur génie, les anciens ne pouvaient guère avoir de ces préoccupations : la providence, pour eux, c'était la *fatalité*. Leurs prévisions s'arrêtaient généralement à l'existence du jour ou aux soucis du lendemain ; ce qui n'était nullement l'effet d'une plus grande sagesse, ni d'une pieuse résignation. Du moins, ils ne pouvaient assurément pressentir que leur monde antique fût la préparation d'un monde nouveau. Renfermé dans sa courte science et son étroit égoïsme, chaque peuple bornait à son territoire les droits de la morale, les intérêts de l'esprit, de la civilisation et de l'humanité. Quelle fraternitée et même quelle parenté était possible entre Rome et le reste de l'univers ? Pour la Grèce elle-même, si aimable, si expansive, dans les limites du monde hellénique, les autres peuples ne furent jamais que des *barbares*. Puissance de vues, générosité de la pensée, conception philosophique de l'unité dans l'histoire, ce sont là autant de fruits de la culture chrétienne qui seule a pu former un *genre humain* de ce qui n'avait été jusqu'alors que de grandes familles isolées, sinon ennemies.

Avant la révélation, à peine si l'on peut signaler quelques soupçons d'une vie commune et d'un rapport de solidarité entre les nations. Le christianisme paraît, et aussitôt, comme si l'humanité avait retrouvé ses titres dans l'humble berceau de la Judée, avec Sulpice Sévère et surtout avec Orose, on sent moins de génie peut-être et moins d'éloquence, mais plus de cœur et un esprit nouveau; et c'est de même pour tous les genres de littérature ; un air plus pur et un souffle de vie annoncent que l'on a désormais changé de région. Les essais d'histoire universelle commencent, pour ne plus s'arrêter qu'à cette limite où l'on pourra appliquer aux modernes interprètes de la pensée divine, ces paroles de Filangiéri : « Citoyens de tous les pays, contemporains de tous les âges, l'univers est leur patrie, la terre, leur chaire, les contemporains non-seulement, mais la postérité sont leurs disciples. »

Solidarité des peuples ! ici, notre France revendique sa part ; sa voix, aujourd'hui méconnue n'a que trop retenti pour ce généreux apostolat. Combien de pages elle a écrites et signées de son sang, dont la pensée constante et la gloire ont été d'avoir cherché, d'avoir favorisé, sous toutes ses formes et sous tous les cieux, ce que Herder appelle si poétiquement *l'épanouissement de la fleur de l'humanité !* »

Et maintenant hélas !...

Maintenant, ce peuple est humilié ; profondément atteint, et il doute. Mais, c'est au nom de Dieu que la France écrivit ses premières annales, *Gesta Dei per Francos ;* et pour elle, Dieu se justifiera encore par des *faits*, et jusque dans ses châtiments. Les regards tournés vers l'orient, franchissons d'un pas ferme ces ténèbres et ce désert au delà desquels nous espérons revoir le jour et reprendre vie.

La Providence, quoi qu'il arrive, est toujours présente dans le monde ; de toutes parts l'histoire nous ramène à cette conclusion qui est la seule légitime, parce que seule elle explique Dieu et l'homme.

Les écrivains des siècles primitifs de l'ère chrétienne nous représentent une époque aussi menacée, remplie d'autant de misères et de détresses que la nôtre. Humainement parlant, ils avaient moins de lumières que nous, mais ils avaient plus de confiance et plus de courage.

Loin de nous, cette énervante mélancolie qui naguère ne soupirait que nos feintes douleurs ! nous en avons assez, aujourd'hui, de maux réels, d'amères et profondes tristesses ; ce ne sont plus des âmes alanguies et sceptiques qu'il nous faut :

tous à l'œuvre, du cœur, de la plume et des bras, pour élever, nous aussi, même aujourd'hui, notre témoignage de foi à la Providence !

Salvien, au milieu des horreurs de l'invasion barbare, quand autour de lui tout un monde périssait, n'en écrivait pas moins son beau livre pour glorifier *le gouvernement de Dieu*. Des ruines sanglantes et de la pierre sépulcrale de l'empire romain, il construisait un immense piédestal à l'idée de Providence.

Et, chose admirable ! la foi à la Providence a été proclamée au milieu de tout ce qui pouvait l'ébranler ; le fracas de tant de ruines et d'écroulements a été dominé par un hymne de confiance et de sécurité. Le désordre même a révélé la certitude des voies divines ; comme les éclipses ont conduit à calculer la marche régulière des astres (1).

(1) Ampère. — *Histoire de la littérature de la France avant le* xiie *siècle.*

III

1789-1848

J'ai recherché précédemment et tâché d'esquisser les traits généraux de la grande idée de providence et de progrès ; j'essaierai maintenant d'en fixer quelques caractères particuliers. Pour cela, je prendrai des exemples dans notre propre histoire ; et l'un d'abord assez rapproché de nous, pour que le souvenir en soit bien présent : je veux parler de la constitution de 1789 comparée à la Constitution de 1848.

Ce n'était pas assez de décréter pour tous le titre de citoyen, d'assurer place à tous dans l'Etat ; il fallait surtout, en secondant les efforts de chacun, se préoccuper du soin de préparer à tous des conditions plus favorables et une place meilleure dans la vie. Si nous constatons que, sous ce rapport, 1848 a plus fait que

1789, nous aurons prouvé par cela même qu'on a marché, que 48 avait aussi sa raison d'être et fut tout autre chose qu'un *accident*.

Je me bornerai à mettre en parallèle, dans leurs dispositions principales, le préambule de ces Constitutions, en signalant quelques-unes des heureuses conséquences qu'elles renfermaient et auxquelles on n'a pas laissé le temps voulu pour se produire.

Il est peut-être bon de les rappeler, aujourd'hui qu'elles sont si passionnément dénaturées et attaquées.

De 1870, je n'ai ici absolument rien à dire, par la triste raison que rien encore n'a été fait ni tenté dans le sens d'une Constitution républicaine.

1789.

« Les représentants du peuple, considérant que l'ignorance, l'oubli ou le mépris des droits de l'homme sont l'unique cause des malheurs publics et de la corruption des gouvernements, ont résolu de rétablir, dans une déclaration solennelle, les droits naturels, inaliénables, imprescriptibles et sacrés de l'homme ; afin que cette déclaration, constamment présente à tous les membres du corps social, leur rappelle sans cesse leurs droits et leurs devoirs, et que les actes du pouvoir législatif et exécutif pouvant être, à chaque instant, comparés avec le but de toute institution politique, en soient plus respectés..... »

Suivent les articles où l'Assemblée, déterminant ce but du corps politique, et empruntant des idées du *Contrat social.* de Rousseau, le principe de toute souveraineté, déclare et consacre, comme principes constituants, les droits que voici :

Droit, pour la nation, de changer la forme de son gouvernement.

Droit, pour chacun, de faire usage de toutes ses facultés naturelles ou acquises, sans autre limitation que l'exercice du même droit chez autrui.

Droit à la liberté, à la propriété, à l'égalité civile, à la sûreté.

Liberté dans la personne, dans la pensée, dans les actions, sous les seules restrictions de la loi.

Liberté d'acquérir, de posséder, de disposer, sans être soumis qu'à l'observation de la loi.

Égalité dans les droits, mais aussi dans les charges; tout citoyen, de même qu'il participe aux bienfaits, est soumis aux obligations de la loi.

La loi elle-même étant définie : l'expression de la volonté générale.

Enfin, comme conséquence des droits que la nation vient de recouvrer, de nouveaux devoirs à elle imposés, tels que l'engagement qu'elle contracte « de créer des établissements d'instruction publique, de secours publics, pour élever les enfants abandonnés, soulager les pauvres infirmes, fournir du travail aux pauvres valides qui n'auraient pu s'en procurer »; ce qui n'était cependant pas le *droit au travail.*

1848.

« La France s'est constituée en République. En adoptant cette forme *définitive* de gouvernement, elle s'est proposé pour but de marcher plus librement dans la voie du *progrès* et de la civilisation ; d'assurer une répartition de plus en plus équitable des charges et des avantages de la société ; d'augmenter l'aisance de chacun par la réduction graduée des dépenses publiques et des impôts, et de faire parvenir tous les citoyens, sans nulle commotion, par l'action successive et constante des institutions et des lois, à un degré toujours plus élevé de moralité, de lumières et de bien-être.

« La République française est *démocratique,* une et indivisible.

« Elle reconnaît des droits et des devoirs antérieurs et supérieurs aux lois positives.

« Elle a pour principes la liberté, l'égalité, la fraternité.

« Elle a pour base la famille, le travail, la propriété, l'ordre public.

« Elle respecte les nationalités étrangères, comme elle entend faire respecter la sienne ; elle n'entreprend aucune guerre dans des vues de conquête et n'emploie jamais ses forces contre la liberté d'aucun peuple.

« Les citoyens doivent... concourir au bien-être commun, en s'entr'aidant fraternellement les uns les autres, et à l'ordre général, en observant les lois morales et les lois civiles qui régissent la société, la famille et l'individu.

« La République doit protéger le citoyen dans sa famille, sa religion, sa propriété, son travail, et mettre à portée de chacun *l'instruction indispensable à tous les hommes*; elle doit, par une assistance fraternelle, assurer l'existence des citoyens nécessiteux, soit en leur fournissant du travail dans les limites de ses ressources, soit en donnant, à défaut de la famille, des secours à ceux qui sont hors d'état de travailler... »

Maintenant, examinons la différence des dispositions, expliquée par la différence des temps.

On a soutenu que 1848 ne savait rien de plus ni rien de mieux que 1789 ; au moins on aurait dû lui savoir gré d'avoir renoué, d'une époque à l'autre, la chaîne des traditions, et de s'être remis à l'œuvre pour apprendre.

Mais, selon moi, il a appris ; 89 était la pierre de l'angle sur laquelle 48 bâtissait.

Et si je ne me trompe, le progrès se reconnaît au seul rapprochement des deux constitutions.

Mirabeau, l'auteur de la déclaration de 89, l'avait qualifiée de *très faible essai.* Cette modestie du fougueux et superbe tribun ne signifie rien, si ce n'est qu'il était assez sage pour faire la part de l'avenir. En 89, on ambitionnait surtout une chose : la liberté politique ; on détestait surtout une chose : les priviléges et les vexations de l'aristocratie. Conquérir et sauvegarder l'une, anéantir les autres, voilà la grande pensée du moment. On craignait tant un retour contre l'élan de *la nuit du 4 août,* qu'on répète de toutes les manières « qu'il n'y a plus ni noblesse, ni distinctions héréditaires, ni régime féodal » ; et, quand le canon de la Bastille gronde encore, on se tient si peu assurés de rester libres, que, pour gagner et enchaîner les âmes à la nouvelle conquête, on sent le besoin de la montrer à tous, de l'expliquer. On définit ce que c'est que la liberté, ce qu'est un pays qui n'a pas la liberté : « Toute société dans laquelle la garantie des lois n'est pas assurée ni la séparation des pouvoirs déterminée, n'a pas la liberté. »

En 48, on est sur un autre terrain : depuis longues années, la tyrannie de la noblesse, comme on disait en 89, ne semble plus guère à craindre. D'un autre côté, avec certaines précautions prudentes, mais qui se sont trouvées insuffisantes contre de coupables projets, on croyait que la liberté politique était définitivement assise, et qu'un abîme séparait pour toujours le régime du bon plaisir du règne de la loi.

Aussi, chaque époque avait hâte d'obéir à son principe :

89, à peine échappé du joug, s'empressa de poser le droit de la nation à changer son gouvernement.

48 déclare, *sous l'action successive et constante des institutions et des lois,* ne plus poursuivre *qu'un progrès pacifique et régulier.*

Il s'agit encore de garantir la liberté; mais cette fois, contre elle-même.

Il s'agit de plus que cela : ce que 89 n'avait pu que promettre, 48 s'efforce de le réaliser.

Un siècle est rarement chargé de deux missions à la fois; il commence par détruire, mais ne rebâtit guère. 89 avait beaucoup détruit, il ne pouvait que peu fonder. Mirabeau se heurte de toutes parts à des écueils ; « mais, debout sur l'avant du navire, et rassurant les passagers consternés, il élève au milieu d'eux sa voix prophétique et leur montre du doigt les terres promises de la liberté » (1). Pour lui-même, il ne doute jamais et ne s'étonne point. Il est convaincu que la postérité seule touchera le but ; mais pour enflammer les courages, il commence par poser ce but devant tous les yeux, dans toute sa magnifique grandeur. Le signal est donné ; on s'emporte ; l'arène se couvre de poussière et de sang... enseignement terrible ! — Déplorons ces excès dont la liberté est le prétexte et la victime. On ne les a pas justifiés en disant qu'ils n'étaient que l'enivrement d'une victoire trop chèrement achetée.

La société ne souffre pas longtemps qu'on la violente ou qu'on l'égare. Elle revient d'autant en arrière, puis se repose, pour repartir d'un pas plus lent et plus ferme. L'amour de la liberté avait jeté de profondes racines ; on le comprime, mais on ne peut plus l'étouffer. Le premier empire, qui traite en ennemie la liberté, laisse échapper de ses rudes étreintes l'égalité civile. Le Code, pour

(1) Cormenin.

lui servir de base, organise la division de la propriété, garantie de l'ordre et du respect des institutions. La liberté et l'égalité, lors même qu'elles semblent sommeiller, préparent les réveils de 1830 et de 1848.

Quel est donc le chemin qu'on a parcouru ?

89 n'avait pas encore l'habitude des grands principes, et il était obligé de les définir. En 48, le commentaire a passé dans les faits ; les mœurs publiques, par une pratique journalière, en deviendront de plus en plus la meilleure définition.

Débarrassée du soin d'une indispensable initiation, et laissée par l'Europe, et grâce à sa propre sagesse, tout entière à elle-même, la République de 48 pouvait se mettre immédiatement à l'œuvre et commencer sa tâche, qui était « *de faire parvenir tous les citoyens à un degré plus élevé de moralité, de lumières et de bienêtre.* »

Elle s'intitulait *démocratique* ; c'est-à-dire qu'elle était décidée à prendre en main la cause du peuple, sans souffrir d'être entraînée par ses violences, ni entravée par n'importe quelle réaction.

Aux principes de la liberté, de l'égalité, elle unissait, plus expressément qu'à aucune autre époque, celui de la fraternité ; non plus ce mot banal, cette fraternité négative qui, sans pratiquer le bien, se borne à défendre le mal ; mais elle voulait que l'on fît positivement aux autres le bien que nous voudrions en recevoir ; et, à côté du précepte, elle-même donnait l'exemple.

L'école philosophique du xviiie siècle, et d'après elle, 89 avait placé l'homme, devenu libre, en face de la nature. La constitution de 48 passe outre, et s'attaque, si l'on peut dire, à la nature même. Elle marche, quant au présent, dans la mesure du possible, ne songe nullement à contester la diversité nécessaire des mérites et des destinées, mais s'apprête à en adoucir les plus choquantes inégalités.

Lorsque, grâce à nos devanciers, l'arbitraire a fait place à la loi ; quand tous les citoyens ont été rendus égaux devant la loi, il s'agit de les déclarer égaux pour choisir ceux qui doivent la faire ; mais l'important est de les rendre véritablement dignes de ce droit.

Entendons bien ceci : la liberté politique, l'égalité politique et civile, le suffrage universel ne seraient qu'un leurre et un immense péril pour la société où l'on ne chercherait pas à donner au peuple, avec l'exercice, l'intelligence de ces droits.

L'exagération du sentiment national, chez les anciens, produisait ce résultat, qu'ils n'avaient que trop d'éducation publique ; nous, au contraire, n'en avons pas assez. Là, l'Etat s'emparait de toutes les facultés de l'enfant, et confisquait l'individu, pour façonner le citoyen. Nos derniers régimes avaient si bien façonné l'égoïsme, qu'un beau jour, il ne serait resté de nous qu'un peuple de solliciteurs et plus de patrie.

Ne rêvons point de Spartiates, mais tâchons de faire que chacun comprenne ses devoirs et ses droits. Qui osera disposer de l'avenir de qui que ce soit, à ce point de dire : Je te condamne à l'ignorance ! L'Etat est le bon père de famille dont la générosité s'appelle prévoyance, et qui, discernant les aptitudes et les besoins de chaque condition, ne craint jamais de prodiguer ses enseignements.

« *L'instruction indispensable à tous les hommes,* » l'éducation qui rend les âmes sœurs, voilà ce qui ferait notre salut, et ce que la République de 1848 s'était proposé d'accomplir; mais, cette généreuse mission, on ne lui laissa pas même le temps de l'entreprendre.

Cependant, ne perdons pas courage : même aujourd'hui, même après 1870, chaque jour de l'histoire appartient encore à la Providence, et chaque jour de la Providence appartient à l'humanité.

IV

LES JACQUES

1356-1357

Quand parfois, du milieu des ténèbres, j'annonce et salue la lumière ; quand j'appelle les hommes dans un air plus pur et de plus spacieuses demeures, ce n'est pas que j'aie vu, vers le pays des fées, surgir une nouvelle *Atlantide*, ou quelque merveilleuse *cité du Soleil*. Hélas ! non. Les fictions n'ont été d'ordinaire qu'une protestation contre le présent, dont elles exagéraient les misères ; et moi, je ne veux ni m'abandonner à de vains rêves, ni montrer le présent encore plus sombre qu'il n'est. Au contraire, c'est de la réalité, si lamentable qu'elle soit, que je prends conseil et confiance. En considérant ce qui a été et ce qui est, je m'affermis dans ma pensée pour conjecturer ce qui sera.

Il me resterait moins de doutes encore si, portant mes regards par delà les mers, sur des rivages fermés aux anciens, je voulais considérer ce peuple des Etats-Unis, qui s'est développé dans sa liberté sous l'influence presque exclusive, et je dirais, pour la justification des idées modernes, et qui a pu non-seulement les exprimer, mais les réaliser.

Sur les bords de la *Delaware*, là où les villes se comptent aujourd'hui plus nombreuses qu'autrefois les huttes de l'Indien, nous apparaîtraient d'abord quelques pauvres pèlerins, *pilgrims*. C'étaient bien, en effet, des pèlerins; ils obéissaient au désir de satisfaire un besoin spirituel, ces premiers émigrants de l'Angleterre, qui venaient confier le développement de l'idée pour laquelle ils s'exilent, au sol vierge, aux horizons sans bornes d'un autre monde.

Mûris déjà par l'éducation de la mère-patrie, et se replongeant à leur arrivée dans une nouvelle jeunesse, nous les verrions bientôt unir en eux les dons du premier âge à ceux de la virilité; et plus encore pour leur génie particulier que pour leur fortune, nous admirerions avec quelle vigueur et quels calculs, quelle témérité et quelle prudence, quelle faculté inouïe de création et d'absorption, ils s'épandent, ils se consolident, ils vont gagnant sans cesse, façonnant à mesure et gardant à la civilisation tout ce qu'ils conquièrent.

Heureux et sages descendants des bannis, que la tyrannie des Tudors a faits concitoyens de Washington ! Peuple vraiment prédestiné ! qui, par les circonstances de son origine, par son présent et par l'avenir qu'il laisse entrevoir, promet d'être, pour la Providence, un instrument de choix, et, pour nous tous, une haute démonstration.

Mais, pourquoi présenter de ces lointains tableaux auxquels nous désespérons d'atteindre ? Nous en avons, chez nous, dont le sujet nous appartient, et qu'éclaire suffisamment cette action continue de la Providence. Vasco de Gama ne recula pas devant le formidable génie qui lui barrait le passage, car aux dernières limites de l'océan, il avait aperçu les lueurs d'une aurore inconnue. De même, quand on évoque contre la vieille Europe le fantôme d'un passé qui l'écrase, et qu'on la montre affaissée sous sa caducité, j'aime à lui signaler, jusque dans les temps les plus obscurs, encore un rayon qui la guide et peut-être aussi lui présage de nouveaux cieux.

Je prends l'une des époques les plus troublées, les plus abandonnées de notre histoire.

2.

C'était vers le milieu du xiv⁰ siècle, après que le brave et malheureux Jean eut été emmené prisonnier en Angleterre. La France, sous le coup de Crécy, de Poitiers, et attendant Azincourt, paraissait perdue. « Ses finances épuisées, ses armées se changeant en troupes de brigands, ses peuples se soulevant, un prince du sang venant mêler sa criminelle ambition aux violences de l'étranger (1) ; » l'incapacité, la trahison, la faiblesse dans ceux qui avaient charge de la nation ; tel était le présent. Comment s'étonner que dans l'épouvantable ruine qu'il annonçait, et au milieu du vide qui se faisait de toutes parts, éclatât une nouvelle violence, la *Jacquerie*, qui devait achever de tout confondre ?

Au moral, une sorte de mort pesait sur le monde. La foi même, cette vie du moyen âge, s'était vue dégradée dans le chef de la chrétienté, transporté de Rome à Avignon. Les antiques croyances étaient ébranlées, et les peuples, qui n'avaient point encore appris à compter sur eux-mêmes, commençant à ne plus croire aux puissants de la terre, conservaient à peine espoir en Dieu (2),

Ces puissants du xiv⁰ siècle, c'étaient un Charles le Mauvais, une noblesse qui

(1) Chateaubriand.
(2) Voir l'*Histoire de France* de Michelet.

se faisait battre et prendre, et revenait écorcher le paysan pour sa rançon ; enfin, contre eux ou pour eux, on ne pouvait encore le prévoir, un prince qui sera Charles le Sage, mais jeune alors, chétif, de corps et l'esprit affaibli par le poison.

Au moins, pour mettre à la raison les ennemis du dedans et ceux du dehors, y avait-il Paris, la bonne ville, aux singulières destinées ; Paris qui, déjà au xive siècle, voulut être le royaume, et qui se distinguait par l'audacieuse initiative de son patriotisme ; tandis que ses lumières, grâce à l'Université, le maintenaient alors infiniment au-dessus du reste de la France.

Une chose lui manqua, c'était le temps qui n'était pas venu où la France pouvait être utilement dotée d'un gouvernement tel que celui que Paris allait essayer, et qu'on a eu raison de qualifier de républicain.

« Par intervalles, remarque Chateaubriand, les principes populaires se faisaient jour, comme les volcans, à travers les masses qui pèsent sur eux. » Et il signale, comme coïncidant avec cette tentative de Paris, la république de Rienzi, à Rome, et la condamnation de Faliero, doge de Venise.

En France, on essaya d'abord des voies régulières, sans se douter probablement de part ni d'autre qu'elles pussent aussi complétement aboutir à une révolution.

En 1356, j'allais dire en 1789, les états sont convoqués à Paris. Ils remontrent qu'il faut que « *toutes oppressions, extorcions et indeues exactions dont l'en a usé en temps passé sur le peuple, par moult de diverses voies et manières, cessent desoremais du tout...* »

Et, à chacun des soixante et un articles qu'on propose à la sanction du régent qui était alors le Dauphin, revient, ainsi qu'un refrain lugubre, la doléance des souffrances du pauvre peuple *moult travaillé et grévé.*

Ce n'était point assez, pour les exigences du moment, de quelques mesures d'administration. Le Dauphin, comme plus tard Charles Ier et Louis XVI, accordait et refusait. Mais déjà la situation maîtrisait tout. La réforme administrative appelait la réforme politique ; et de la résistance allaient naître les violences et tous les excès.

En 1357, nouvelle convocation des états ; nouvelles remontrances, que le danger rend plus pressantes.

Il est curieux de voir de quelle manière le dauphin cherche des délais, « *pour laisser le temps aux amateurs de nouvelleté de se refroidir* » ; et comment il répond aux obsessions des Parisiens : « *Sires Parisiens, qui vous êtes toujours attribuez le premier lieu entre les Français, et avez voulu servir aux accor et reigle et formulaire selon lequel toutte la France se devait gouverner, voulant que les affaires du royaume feussent par vous gouvernées, et qu'on ne fist rien sans votre adviz et congé* » (1).

Paris, en effet, voulait déjà être obéi. Simple commune englobée dans un royaume féodal, monarchique lui-même au fond, et pour longtemps encore, autant par intérêt que par attachement traditionnel, il rêva une émancipation hâtive et crut entraîner le royaume.

Ses habitants étaient en armes, et voyaient à leur tête le prévôt des marchands, au langage entreprenant, à la main hardie, Etienne Marcel, qui ne devait périr que pour avoir, au nom de la bourgeoisie, tenté trop tôt d'organiser notre France, et de lui donner, avec un gouvernement établi sur une base plus large, un peu d'ordre, de liberté et de repos.

Il est vrai que même l'Eglise s'annonçait pour la réforme. Robert le Coq, évêque de Laon, fut chargé par elle de représenter au dauphin : « que le royaume ayant été mal gouverné ci-devant, ils esti-

---

(1) Extrait d'un manuscrit de la bibliothèque du président Joly de Fleury, et déposé à la bibliothèque des avocats près de la Cour d'appel de Paris.

maient que c'était par la faute et le mauvais conseil de ceux que le roi avait employés. Pourquoi ils requéraient que tous les officiers du roi en général fussent privés ou suspendus de leurs charges; que le dauphin fît emprisonner les personnes et saisir les biens de ceux dont ils donneraient la liste, et qui seraient jugés sur les accusations et articles que les élus des états donneraient contre eux... demandant enfin qu'il fût envoyé des commissaires réformateurs dans les provinces, et que le dauphin se composât un conseil de vingt-huit membres, nommés par les états, et qui auraient la direction de toutes les affaires » (1).

Autant valait tout d'un coup proclamer la République. On conçoit les répugnances du dauphin, des nobles et de la province contre des prétentions si étranges.

Alors commence, dans Paris, une suite de scènes dont le drame qui s'y est joué, quatre siècles plus tard, n'a été qu'une plus terrible reproduction. Presque tout se trouve là d'avance : théâtre, noms, péripéties, langage, et jusqu'au costume des acteurs.

Tandis que le dauphin hésitait, tiraillé par des impulsions en sens contraires, du couvent des *Cordeliers*, où s'étaient assemblés les états, partaient de menaçantes

(1) Boulainvilliers, *Lettres sur les Parlements*.

injonctions; dans la rue, aux halles, on n'entendait que tumulte, cris confus, harangues furibondes, de celles-là qui, passant dans la suite par la bouche des *cabochiens* et des *ligueurs*, arriveront toutes préparées pour certains tribuns de la *terreur*. La terreur, alors aussi, ce furent des pendaisons, des noyades et des massacres. Représentons-nous le dauphin, dans son palais envahi par la foule, au milieu de ses serviteurs égorgés, et lui-même obligé, pour sauver sa tête, de la couvrir du chaperon aux couleurs de la ville, que lui présentait Marcel (1).

On avait cherché l'abolition des abus, mais trop tôt, je le répète; et ce que la réforme produisait, c'était un état plus déchiré, des ennemis plus acharnés et plus nombreux. Le comble de la misère, c'est quand la tentative du bien semble n'avoir fait qu'aggraver le mal. La France agonisait; qu'importait une blessure de plus ? Alors, se rua dans la mêlée un ennemi auquel personne n'avait songé, le paysan, dont les souffrances avaient excédé la longue résignation.

Tous avaient frappé dessus, comme sur une bête de somme ; la bête, à la fin enragée, se releva et voulut se venger.

C'est là ce que l'on appelle dans notre

(1) On inventa des chaperons aux couleurs nationales : rouge et blanc, avec des fermails d'argent émaillé.

histoire la révolte des *jacques* : Jacques Bonhomme, personnification méprisante du peuple. On avait dit précédemment, en 1320, les *pastoureaux*, pour qualifier une première révolte des pauvres gens.

Mais les jacques, plus exaspérés que les pastoureaux, mordent cette fois jusqu'à bout de sang la main qui tient leur chaîne. C'est qu'aussi cette chaîne était trop lourde et le moment désespéré. Il faut lire, dans les chroniqueurs et les historiens, cette désolation sans nom et qui paraissait sans ressources. Tous les fléaux à la fois : la peste et la famine se disputant les restes de l'invasion et de la guerre civile ; la destruction frappant de préférence la force et le germe des générations ; l'habitant des campagnes réduit à se creuser des trous dans la terre, et parmi les animaux des bois... soixante ans plus tard, on verra bien les loups venir jusque dans le milieu de Paris, comme pour en prendre possession et montrer que la France retourne au désert.

Souvenirs lamentables ! Mais j'ai voulu les rappeler, précisément afin qu'on se souvienne. — Lorsqu'on se reporte à de pareils temps, n'est-ce pas que le calme et aussi l'espérance doivent aujourd'hui nous sembler moins difficiles ? Oui, que l'histoire nous apprenne à nous souvenir et à comparer !

Au xiv.ᵉ siècle, le peuple, pour avoir osé se dire homme, fut obligé de se faire brigand; on le railla, on l'assomma. Aujourd'hui, on sympathise à chacune de ses souffrances et on y cherche le remède. De ce qu'il ne pouvait alors concevoir même comme prétentions, la société, dans la mesure du raisonnable et du possible, a fait pour lui autant de droits. — Malgré les vicissitudes et les reculs politiques, l'esprit des temps poursuit son œuvre.

Déjà cependant, les jacques, sans le savoir, furent peut-être suscités comme la plus énergique protestation, en faveur d'une réforme, bienfait hélas trop éloigné! qu'ils ne prévoyaient probablement pas; mais, de ce jour-là, dû à l'avenir.

Du moins, avant de mourir, et comme expiation de leurs vengeances de maudits, les jacques pensèrent à payer une partie de notre dette aux ennemis du dehors, aux Anglais. Ce qui n'était d'abord que haine féroce contre les nobles, devient le premier élan de la France contre l'étranger; et si quelque chose peut reposer de l'horreur de ces temps, c'est le dévouement obscur et fidèle d'un petit nombre de ces malheureux, s'obstinant à défendre le seuil de leur cabane, comme s'ils avaient le pressentiment que là s'abrite la patrie.

Et, en effet, avant qu'il s'écoule un

siècle, la pure et grande figure populaire, la libératrice, Jeanne d'Arc, va apparaître. Mais patience! car il manque cinq siècles encore pour que, la monarchie étant entrée dans la plénitude de son règne et l'ayant achevé, le gouvernement représentatif s'étant successivement développé dans la constitution de plus en plus large et forte du *tiers-état*, une véritable république puisse à son tour apparaître, s'appuyant enfin sur un véritable peuple.

V

LA PERFECTIBILITÉ

L'étude de la nature nous élève de plus en plus vers cette magnifique et secourable idée d'une Providence. Cette étude nous enchante, nous ravit et nous fait marcher, par des routes fleuries, vers un terme radieux et qui ne se cache jamais. Là, observer, c'est jouir; et jouir, pour un esprit qui ne se crée pas de systèmes, c'est conclure sans crainte d'erreur et sans effort; car là, toute recherche de la vérité est un doux repos; et pour nous montrer Dieu dans chacune de ses œuvres, pour nous conduire à la vraie source par le seul chemin sûr et glorieux, la nature, cette tendre mère, n'a pour ainsi dire qu'à nous prendre et nous bercer dans ses bras.

Triste d'un désir inassouvi de bonheur; sceptique, mais par besoin d'une vraie foi, ce n'est qu'en se considérant lui-même et en cherchant Dieu au-dedans de lui, que l'homme hésite et se trouble. Son corps cependant est une œuvre où se manifestent mieux qu'ailleurs la sagesse et la puissance suprêmes. Mais, outre le corps, l'homme a reçu, seul dans la création, une intelligence pour se développer sans cesse, une âme qui lui donne la conscience, sans lui donner l'explication complète de plus hautes destinées.

Dans l'étude de la nature, chaque fait devient une preuve, tout examen détermine la conviction ; parce que d'abord la *perfection* apparaît, et que, dans la sphère et suivant les conditions où chaque chose a dû se produire et se conserver, soit le minéral qui cristallise, soit la plante qui germe et végète, soit l'animal appelé à une vie plus riche et plus variée, il n'y a pas moyen de contester l'accord admirable et, dès le commencement, *parfait* des moyens avec le but.

Plus libéralement doté que toutes les autres créatures, comment se fait-il donc que, moins bien qu'elles, l'homme semble remplir les fins pour lesquelles il se prétend formé ? Son existence, c'est toujours dans l'avenir qu'il en place la meilleure partie ; ses efforts pour atteindre le but, on dirait parfois qu'ils l'éloignent ; et de déceptions en déceptions, on l'accuse de léguer à sa postérité des illusions dont, à son tour, elle ne pourra se guérir, et que le sentiment d'une misère toujours présente lui apprendra à perpétuer, pour un nouvel avenir, sous le nom toujours mensonger d'espérance.

Espérance, mais qui me paraît être aussi forte, aussi sûre qu'un *instinct*.

Les hommes n'ont pas reçu de la nature cette certitude *à priori*, cette habileté d'industrie innée qui accompagne infailliblement ce que l'on appelle instinct. Mais précisément, c'est là encore une des causes de leur supériorité sur les animaux ; c'est par cette raison qu'ils sont excités à s'exercer sans cesse, à créer les arts, à inventer dans les sciences, à employer toutes les forces propres de leur esprit et de leur âme, afin de s'élever successivement et par eux-mêmes à un degré de plus en plus haut de bien-être et de perfection.

Si l'homme se contentait de l'existence d'ici-bas ; si, doué pour le moins d'autant de moyens matériels que l'insecte, il ne songeait qu'à pourvoir aux mêmes besoins, alors sans doute on dirait que tout est bien ; qu'il conforme ses désirs à sa nature, et que, comme l'insecte, il rentre dans l'harmonie universelle. Mais parce qu'avec sa pensée, ayant connaissance d'un *mal* qu'il voudrait détruire, il combat pour un *bien* dont il ne pose pas les limites ; parce qu'il sacrifie l'apparente sagesse d'un jour à des aspirations d'un avenir immortel, on lui crie qu'il est insensé ; que l'histoire de ses longs travaux n'est que celle de ses longues erreurs, et qu'autant est évidente, dans la nature, la *perfection* des autres êtres, autant sont chimériques, en lui, ses rêves de *perfectibilité.*

Par moments, en effet, on dirait que ce ne sont là que des rêves, et le flambeau qui nous guidait semble prêt à s'éteindre. Je l'avoue, sur cette figure humaine, trop souvent abaissée vers la terre, l'image auguste de la divinité est parfois difficile à reconnaître ; elle y est souvent bien obscurcie ; mais non ! elle n'y est jamais entièrement voilée. Les traits de chaque homme, si dégradés que vous les supposiez, manifestent encore par quelque côté l'empreinte de l'âme et de la main divine ; dans la nuit la plus profonde, une étincelle suffit et me décèle la source du feu céleste.

Il en est de même pour les événements de l'histoire : l'homme, instrument dans la main de Dieu, a beau les défigurer par l'alliage de ses passions ; la notion de Providence ne manque jamais complétement d'en sortir.

Or, cette Providence a nécessairement un but vers lequel peu à peu elle conduit l'humanité ; et dès à présent, il doit être possible de constater par quelles formes, par quels degrés elle nous a déjà fait successivement passer et avancer.

Où en sommes-nous, à cet égard, vers la fin de notre XIXᵉ siècle ? Je voudrais, pour conclure, essayer de m'en rendre compte.

En généralisant, on peut dire que les sociétés anciennes avaient été exclusives dans leur développement. Elles n'ont présenté chacune qu'une face de l'humanité ; puis, s'étant épuisées elles-mêmes, elles ont dû disparaître.

Par exemple, en Orient, apothéose de la nature, immuable, infinie, pleine de grandeurs et de superstitions ; immobilité, abrutissement de l'individu dans les castes.

En Grèce, au contraire, la personnalité du citoyen domine, mais en même temps la personnalité du maître absorbant celle de l'esclave. Du moins, l'homme prend le premier rôle ; rien ne gêne les brillantes fantaisies de son essor ; à la religion, il donne pour dieux ses plus beaux types humains et ses propres héros ; il divinise aussi la nature, ce qui ne l'empêche pas de s'en proclamer le roi.

A Rome, encore un principe unique, jusque dans les lois ; si l'on peut appeler principe le besoin insatiable de la conquête, l'ambition d'imposer le nom romain à tout l'univers.

Ainsi, trois caractères exclusifs, chacun prévalant tour à tour ; trois causes d'infériorité au point de vue du développement général.

La supériorité des temps modernes ne consisterait-elle pas précisément en ce que, à la faveur des siècles écoulés et du génie particulier à chaque peuple, un plus grand nombre de formules ayant été par chacun essayées et pratiquées, il a dû en résulter une plus large, plus compréhensive, embrassant toutes les facultés de l'homme et tous ses besoins, ne retranchant, ne refusant plus rien de légitime, soit dans le passé, soit pour l'avenir?

Nous avons, l'une après l'autre et dans leurs diverses applications, usé et abusé de la *théocratie*, de l'*aristocratie*, de la *monarchie*. Ne se pourrait-il pas qu'elle fût destinée à les remplacer définitivement les unes et les autres, cette forme, antique quant au nom, neuve quant à la manière dont elle devrait être aujourd'hui conçue, et qui s'annonce comme un progrès, même dans la république, je veux dire la *démocratie?*

Gardons-nous d'*idolâtrer* la démocratie, mais tenons-nous prêts à la bien servir. Quant à moi, son avénement ne m'a point surpris; il ne m'irrite ni ne m'inquiète; loin de la nier, je me mets à l'étudier comme l'air que nous respirons.

S'imagine-t-on que, pour n'être plus officiellement à l'ordre du jour, la démocratie sera moins sourdement, moins énergiquement dans les pensers et dans l'irrésistible mouvement de la nation?

Jamais, excepté Dieu, rien n'arrête et ne dompte
Un peuple qui grandit ou l'Océan qui monte.

V. Hugo.

Pourquoi ne songer ainsi qu'au passé, et dire qu'il n'y a en France, à cette heure, que trois grands partis, — ce serait déjà trop de deux, — correspondant par leurs principes et par leurs noms, aux éléments conservateurs, aux souvenirs vivaces de la nation? Pourquoi surtout ajouter que le surplus, multitude sans convictions, utopistes sincères ou anarchistes pervers, c'est tout le personnel de la démocratie?

Plus sage et maîtresse d'elle-même, que la démocratie ne réponde qu'en faisant bien sentir à tous que, si elle aspire à la puissance, si elle réclame de nouveaux droits, ce n'est d'abord qu'au prix de nouveaux devoirs.

Prétendra-t-on aussi que l'âge des lumières amène la suffisance, développe l'envie et l'indocilité avec lesquelles une bonne démocratie et la liberté sont impossibles? Mais au contraire, la vraie liberté démocratique suppose les lumières, et est le fruit naturel et sain de la raison pour la maturité politique d'un peuple ; de même que, dans le gouvernement interne de l'individu, pour couronnement et dernier fruit de la réflexion, intervient la philosophie, cette autre liberté de l'esprit.

Je dis liberté et non pas licence. L'affranchissement de la pensée n'en est pas le dérèglement. L'état populaire, il est vrai, a surtout besoin de règle et de mœurs; mais n'y a-t-il donc d'ordre et de moralité qu'en l'absence *des connaissances indispensables à tous les hommes*? Et ce qui éclaire véritablement doit-il fatalement corrompre ?

Quand je me représente l'ignorance, ou, si l'on veut, l'innocence de la vie de nature, si chère à Rousseau, je crois apercevoir des hommes qui commencent un périlleux voyage, les pieds liés et les yeux bandés : ils ne peuvent voir ni marcher par eux-mêmes ; ils restent abandonnés à l'égarement, aux appétits brutaux, aux superstitions, à toutes les passions de la barbarie, et, par suite, à l'empire du plus rusé ou du plus fort.

Puis, considérant, dans les siècles lointains, de quelles entraves on avait chargé les peuples, je me demande si c'était, par exemple, pour le triomphe des mœurs et par l'effet des lumières, que les théocraties ne furent si souvent qu'une usurpation au nom de leurs dieux ; que les aristocraties et les monarchies, instituées pour protéger l'enfance des sociétés, finirent trop souvent aussi par se croire autorisées à renier les conditions de leur pouvoir, et que même les républiques, dans l'antiquité, décrétèrent comme l'un des droits les plus absolus du citoyen, celui dont elles l'armaient contre son esclave ?

Moins d'ignorance à exploiter, chez les uns, c'eût été, chez les autres, moins d'encouragement à s'oublier, et, pour tous, moins de malheurs.

Je ne voudrais pas augmenter le nombre des utopies en politique (1); cependant, lorsque je me remets en mémoire ces paroles de Chateaubriand : « Un avenir sera... avenir puissant, libre dans toute la plénitude de l'*egalité évangélique*, » je ne puis m'empêcher de croire que cet avenir prédit se rapporte à la démocratie.

Il me semble que la démocratie, pour tous les rapports publics ou particuliers des hommes entre eux, est la souveraineté de la justice, du bon sens, de la raison, se fondant sur la souveraineté des mœurs, l'une et l'autre si peu incompatibles qu'elles sont comme sœurs et découlent de la même source : l'Evangile, foyer de lumière, résumé et base de toute morale. — Désormais, pour naître véritable-

(1) Même l'utopie peut avoir ici son utilité, puisque la chimère du mieux devient quelquefois le modèle du bien.

ment à la vie, c'est du ciel que la statue de la liberté doit recevoir son âme.

L'idée de Providence cessant de servir à la glorification de quelques hommes, pour ne plus se personnifier que dans les peuples ; les peuples enfin étant déclarés en âge et mis en mesure d'agir et de se diriger d'eux-mêmes ; les forces individuelles, par l'union des sentiments et des actes, tournées vers le bien commun ; les intérêts s'alimentant de leur prospérité réciproque; les conditions les plus humbles appelées à monter en dignité propre et en bonheur, sans que pour cela les plus élevées se voient rabaisser, voilà le sens que je donne au mot de *perfectibilité sociale* ; tel est le but auquel nous invitent de concert le christianisme et la démocratie.

Alliance féconde du christianisme et de la liberté ! je ne connais que ce drapeau de réconciliation et de salut ; selon moi, il n'en est pas d'autre sous lequel on puisse dire, avec l'auteur du *Livre des Larmes* : Qu'importent les couleurs, dont chacune n'est qu'une fraction de la lumière ? Qu'importent les hommes, qui ne sont chacun qu'une fraction de l'universelle unité ?

15 JUILLET 1873.

(Extrait de l'*Union libérale démocratique de Seine-et-Oise*).

www.ingramcontent.com/pod-product-compliance
Lightning Source LLC
LaVergne TN
LVHW020044090426
835510LV00039B/1403